عمر الإنسان

الطائر الذي ينتحر إذا أصابه المرض، فما هو؟

تجلّيات

زِهَم
بَبَم، اِن!
خَتِرِ گُتَم اِش
بِیِش گُچِپِت

يكرها

دفتر إنشاء

الطائر الوحيد الذي يحرك منقاريه الأعلى والأسفل، فما هو؟

الكنغر

الحيوان الذي يموت إذا شرب الماء، فمن هو؟

التمساح

الحيوان الذي لا يستطيع إخراج لسانه من فمه، فما هو؟

الخفاش

ما هو الطائر الذي يرى بأذنيه؟

المشط

لديه أسنان ولكنه لا يعض، فما هو؟

يا إلهي

شيء ليس له بداية ولا نهاية، فما هو؟

يوميّات

بھیڑیا

ܗܘܿܕ ܙ

ܫܠܘܗܝ ، ܗܡ ܣܘܗ

ܘ ܐܝܬܐ ܗܪ ܘܗ

ܠܝܬ̈ܝ ܘ ܐܬܬܐ ܘܗ

الجوع

কঃ
ভুলে... চেশ
গেয়েন র
তুবিশ

قتامة

القلم

স্ত্রী

يلحق بنا بالنهار ويتركنا طوال الليل، فما هو؟

سبع فقرات

نكتة جميلة

كم عين توجد داخل وجه النحلة؟

اکبر ذی

استنب

ما هو أكبر محيطات الأرض؟

الضوء

ما هو الشيء الذي لا يبتل إذا دخل الماء؟

المسمار

ما هو الشيء الذي تضربه بمطرقة؟

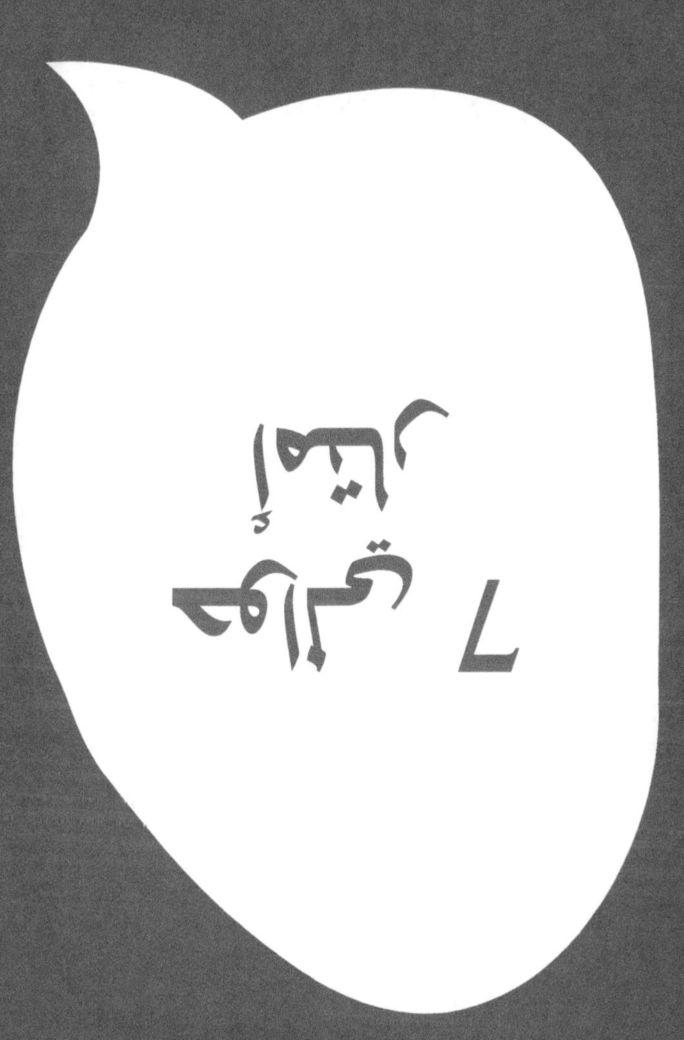

نیستی چیزی

كم ساقا للعنكبوت؟

الثلج

ما الذي يتحول إليه الماء عندما يبرد كثيرا؟

السمك

زهتما
يي اتببيت
قبار دكچپيا
م هم

النهاية

ما هو الذهب الأسود؟

الساعة

סִפּוּר

ما هو الشيء الذي يذهب ولا يعود؟

الخبز

اللسان

ما هو الشي الذي إذا ابيض لونه يعتبر غير نظيف؟

البصل

الحصان

ما هو الحيوان الذي ينام مرتدياً حذاءه؟

الفيل

ܙ ܗܘ
ܗ̇ܡ ، ܥܨܝܪ̈ܐ
ܐܝܢܝܢ ܟܝ
ܘܬܝܗ̄ܘ ܐܙܝܪ̈ܐ

الزواحف

حيوانات تتكاثر بالبيض ، فما هي؟

الزرافة

الحيوان الذي لا يمتلك حبالاً صوتية، فما هو؟

النعامة

الطائر الذي يزأر مثل الاسد، فما هو؟

الجمل

ما هو الحيوان الذي يطلق عليه سفينة الصحراء؟

التمساح

الحيوان الذي يستطيع أن يعيش مائة عام، فما هو؟

على الخريطة

بيكوريا

يسير دون قدمين ويدخل الأذنين، فما هو؟

الساعة

ܙܢ ܗ̈ܘ ܢ̈ܫ
، ܢ̈ܝܢ ܬܟ̈ܝܢ
ܘ ܬ̈ܢ ܟܢ̈ܒܝܬ

درويش

يغلبك دون أن يؤذيك، فما هو؟

كبير ثبتة

بيت ليس له نوافذ ولا أبواب، فما هو؟

الضوء

يخترق
الزجاج ولا
يكسره فما
هو؟

سيهزمنا!

له رأس وليس له عيون، فما هو؟

الهواء

يتحرك دائماً حولك، ولكنك لا تراه، فما هو؟

دار الرُّقيّ
للطباعة والنشر والتوزيع

Website: www.alrouqy.com - Email: info@alrouqy.com

سؤال وجواب